10
꾀가 많은 헤르메스

주니어RHK

신화의 가치

신화는 한 민족의 기원이나 역사적 · 종교적 · 문화적 삶의 모습을 보여 주는 옛이야기입니다. 주로 신과 영웅에 관한 이야기가 많고, 오랫동안 입에서 입으로 전해 내려왔다는 특징이 있지요.

우리가 살펴볼 그리스 로마 신화는 고대 그리스와 로마에 전해 오는 신화와 전설을 한데 묶은 것입니다. 그리스 로마 신화는 고대의 삶을 엿보게 해 주는 문화유산일 뿐만 아니라, 세계 여러 나라의 문학과 미술에 큰 영향을 끼쳤습니다. 하지만 문화적 가치만큼이나 중요한 것이 또 있습니다. 오래된 옛이야기이면서도 거기에 담긴 교훈적 가치가 오늘날에도 여전히 쓸모 있고 중요하다는 사실입니다.

놀랍지 않나요? 수천 년 전의 이야기가 어떻게 과학 문명이 고도로 발달한 오늘날에도 통하는 것일까요? 그것은 바로 그리스 로마 신화에 나오는 신과 영웅의 모습이 오늘날 우리의 모습과 다르지 않기 때문입니다. 신들도 우리처럼 분노하고, 질투하고, 실수를 하지요. 그런 모습을 보면서 우리는 깔깔 웃거나 눈물을 흘리고, 교훈과 감동을 얻습니다. 우리가 그리스 로마 신화를 읽어야 하는 까닭이 바로 이것입니다.

신화의 세계로 떠날 여러분에게 한마디 덧붙이자면, 신화는 우리에게 끝없는 상상력을 요구한다는 점입니다. 신화 속에는 수많은 은유와 상징이 곳곳에 널려 있지요. 따라서 신화를 읽을 때에는 상상력을 최대한 발휘하여 신화 속에 숨겨진 의미를 찾고, 그것을 자기 나름대로 재해석하는 과정이 필요합니다. 이렇게 읽었을 때에야 비로소 여러분 앞에 놀라운 삶의 이야기가 펼쳐질 것입니다.

자, 그럼 흥미진진한 신화의 세계 속으로 함께 떠나 볼까요?

제우스는 아틀라스의 딸인 마이아와 사랑에 빠져
헤르메스라는 아기를 낳았습니다.
헤르메스는 매우 특별하고 꾀가 많은 아이였어요.
태어나자마자 아름다운 악기를 만들고
누구도 생각하지 못한 방법으로 아폴론의 소 떼를 훔칩니다.
과연 헤르메스는 들키지 않고 소 떼를 가질 수 있을까요?

주요 등장인물

제우스

올림포스 신들의 왕으로
하늘과 벼락의 신이에요.
아름다운 여인을 좋아해서
수많은 자식을 얻게 되는데
특히 영리하고 애교 많은
헤르메스를 아껴요.

아폴론

제우스와 레토의 아들로
태어났어요. 음악과 시,
예언과 전언의 신으로
헤르메스가 주는 리라를
훌륭하게 연주해요.

헤르메스

제우스의 아들로, 꾀가 많고
영리하지만 장난이 너무 심해요.
날개 달린 신발과 모자를
쓰고 있어요.

마이아

아틀라스의 딸로,
킬레네 산의 님프예요.
제우스 신과 사랑을 나누어
헤르메스를 낳아요.

1
사랑에 빠진 제우스

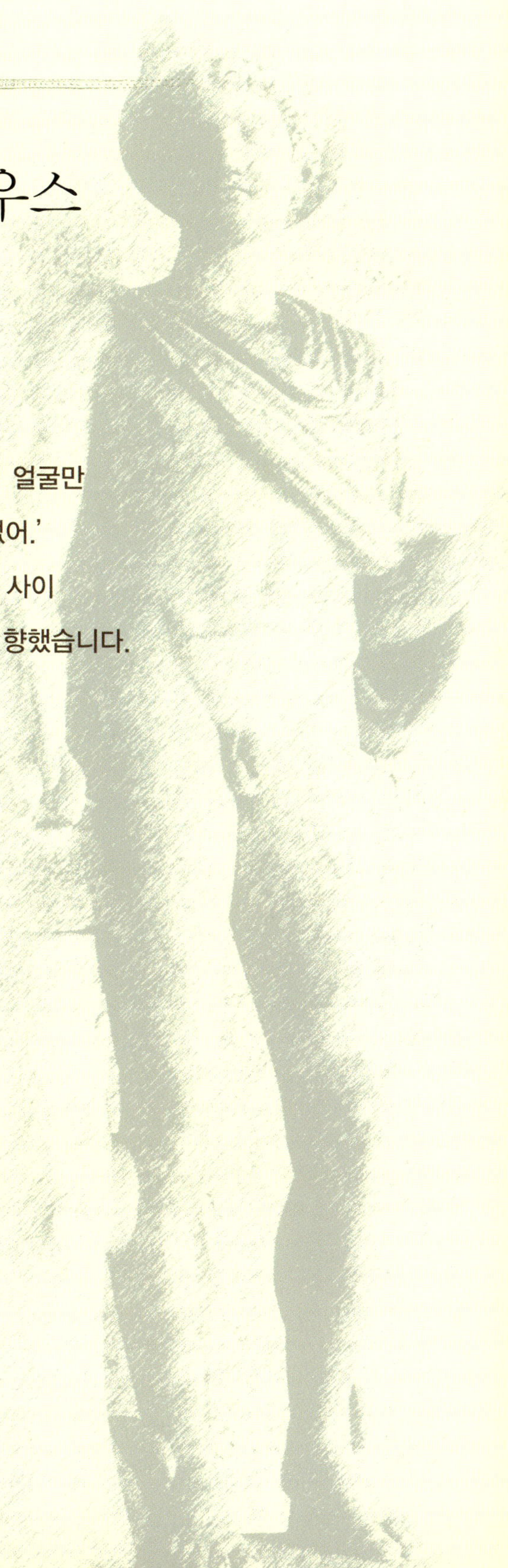

'신들의 왕인 내가 언제까지 하늘에서 그녀 얼굴만
바라봐야 하지? 마냥 이렇게 지낼 순 없어.'
제우스는 마음을 굳게 먹고 헤라가 잠든 사이
올림포스 산에서 내려와 마이아가 있는 동굴로 향했습니다.

어느 날, 신들의 왕 제우스가 올림포스에서 인간 세상을 내려다보고 있었습니다. 그런데 한 여인이 아르카디아 지방의 킬레네 산 *중턱에 있는 동굴에서 나오는 것이었습니다. 제우스는 호기심 어린 눈으로 그녀를 지켜보았습니다. 그러다 그 여인의 어여쁜 얼굴을 보고 첫눈에 반해 버렸습니다.

'오, 인간 세상에 저리도 아리따운 여인이 있다니…….'

제우스는 그 여인에게서 눈을 떼지 못했습니다. 갸름한 얼굴에 탐스러운 머릿결을 가진 그녀는 *청초하고 아름다운 눈을 반짝이며 먼 산을 바라보았습니다.

*중턱 산이나 고개, 바위 따위의 중간쯤 되는 곳.
*청초하다 화려하지 않으면서 맑고 깨끗한 아름다움을 지니고 있다.

그녀에게 송두리째 마음을 빼앗겨 버린 제우스는 가슴이 두근거렸습니다.

'아, 저 여인은 대체 누구일까? 당장 알아봐야겠군.'

궁금증을 참지 못한 제우스는 신하를 불러 명을 내렸습니다.

"너는 지금 당장 독수리로 변해 인간 세상으로 내려가서 저 여인이 누구인지 알아보거라."

독수리로 변신한 신하는 그 여인의 정체를 알아내어 돌아왔습니다.

"제우스 님, 그 여인은 아틀라스와 플레이오네의 딸 마이아라고 합니다."

제우스는 신하의 말에 고개를 끄덕였습니다.

'음, 아틀라스의 딸이라……. 그에게 저렇게 어여쁜 딸이 있는 줄 몰랐군.'

그날 이후로 마이아를 사랑하게 된 제우스는 날마다 킬레네 산의 동굴만 내려다보며 마이아의 모습이 나타나기를 기다렸습니다. 그러다가 문득 이런 생각이 들었습니다.

'신들의 왕인 내가 언제까지 하늘에서 그녀 얼굴만 바라봐야 하지? 마냥 이렇게 지낼 순 없어.'

제우스는 마음을 굳게 먹고 헤라가 잠든 사이 올림포스 산에서 내려와 마이아가 있는 동굴로 향했습니다. 마이아를 직접 만난 제우스는 그녀에게 사랑을 고백했습니다. 다행히 마이아도 제우스의 마음을 받아들였습니다. 그 후 제우스와 마이아는 서로를 깊이 사랑하게 되었습니다.

그러던 어느 날, 별빛이 반짝이는 새벽녘이었습니다. 마이아의 동굴 안에서 우렁찬 아기 울음소리가 울려 퍼졌습니다.

하늘을 떠받치는 아틀라스

〈아틀라스와 헤스페리데스〉 존 싱어 사전트

아틀라스는 클리메네와 이아페토스의 아들로 태어났어요. 올림포스 신들보다 이전 세대의 신으로 아주 큰 거인인 티탄 족에 속하지요. 아틀라스는 신들과 거인 족의 전쟁에 참여했는데, 이때 제우스에게 패하여 자신의 두 어깨로 하늘을 떠받치는 벌을 받았다고 해요.

갓 태어난 남자아이의 울음소리는 조용한 새벽 공기를 가르며 멀리 퍼져 나갔습니다. 동굴 안에서는 제우스와 마이아가 싱글벙글 웃으며 아기를 내려다보았습니다.

“우리 아기의 이름은 뭐라고 지을까요?”

“음, 헤르메스가 어떻겠소?”

“헤르메스……. 참 좋은 이름이에요.”

마이아는 아기의 머리를 쓰다듬으며 웃었습니다.

아침이 밝아오자 제우스는 서둘러 올림포스로 올라갔습니다. 하지만 마음만은 마이아와 헤르메스 곁에 있었습니다.

2
신기한 아기 헤르메스

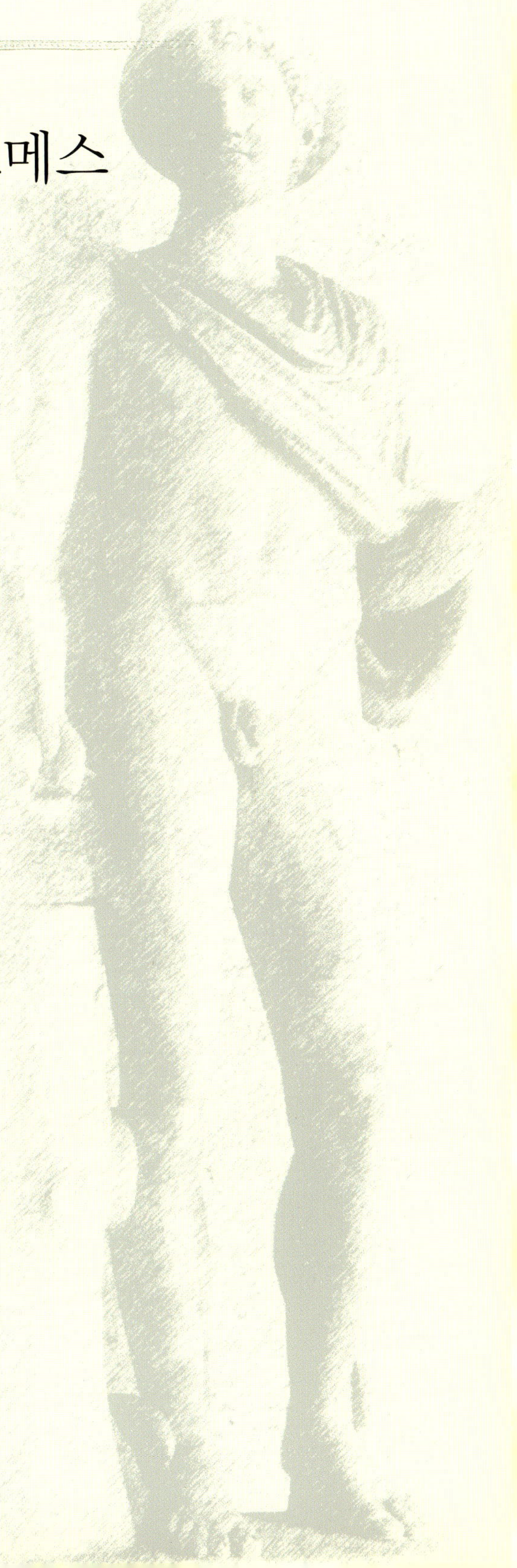

'아, 동굴 밖 세상은 과연 어떨까?
재미난 일이 가득하지 않을까?'
헤르메스는 답답한 동굴을 벗어나
밖으로 나가고 싶었습니다.

새벽에 태어난 아기 헤르메스는 제우스의 피를 이어받은 특별한 아이여서 그런지 쑥쑥 자라났습니다.

"어머나, 우리 아기가 언제 이렇게 컸지?"

마이아가 놀라 쳐다보자 헤르메스는 천진난만하게 웃었습니다. 아예 기저귀를 벗어 던지고 *요람에서 기어 나와 동굴 안 이곳저곳을 기어 다니더니 벌떡 일어서기까지 했습니다.

"세상에 이럴 수가……."

마이아는 놀라서 아무 말도 못 했습니다. 점심때쯤 되어서는 네다섯 살 아이처럼 커져서 동굴 안을 걸어 다니는 것이었습니다.

*요람 젖먹이를 태우고 흔들어 놀게 하거나 잠재우는 물건.

신 나게 뛰어놀던 헤르메스는 동굴 입구 쪽을 바라보게 되었습니다. 밖은 눈부신 햇살로 반짝거렸습니다.

'아, 동굴 밖 세상은 어떨까? 재미난 일이 가득하지 않을까?'

헤르메스는 답답한 동굴을 벗어나 밖으로 나가고 싶었습니다. 헤르메스가 자꾸만 동굴 밖을 향해 서성이자 마이아가 달려와 헤르메스를 붙잡았습니다.

“헤르메스, 밖은 위험하니 엄마랑 여기 있자. 알았지?”

헤르메스는 고개를 갸웃거리며 물었습니다.

“어머니, 왜요?”

“넌 아직 아기니까 그렇지.”

헤르메스는 마이아의 말에 환한 미소를 지으며 말했습니다.

“어머니, 그것 때문이라면 걱정 안 하셔도 돼요. 전 벌써 소년처럼 컸는걸요.”

헤르메스는 아무렇지 않게 당당한 걸음으로 동굴 밖으로 나왔습니다.

마이아는 바깥세상으로 나가고 싶어 하는 헤르메스를 더는 막을 수 없었습니다.

드넓고 광활한 바깥세상은 헤르메스의 호기심을 채우기에 충분했습니다. 헤르메스는 이곳저곳을 다니며 신기하다는 눈길로 세상을 보았습니다. 그러다가 울창한 숲이 펼쳐진 들판을 지나게 되었습니다.

때마침 헤르메스의 눈에 커다란 거북과 죽은 황소가 눈에 띄었습니다. 헤르메스는 거북의 껍데기를 떼어 내고 황소의 몸을 갈라 창자를 꺼냈습니다. 황소의 창자를 깨끗이 씻어 비비 꼰 헤르메스는 가느다란 줄로 만들어 거북 껍데기에 팽팽히 걸었습니다. 거북 껍데기에 걸린 일곱 개의 줄이 하나씩 퉁겨질 때마다 어디서도 들어 보지 못한 아름다운 소리가 흘러나왔습니다.

"그래, 바로 이거야. 아름다운 소리를 내는 이 악기를 리라라고 해야지."

헤르메스는 나무 그늘에 앉아 흥겹게 연주했습니다.

3
소 떼를 훔친 헤르메스

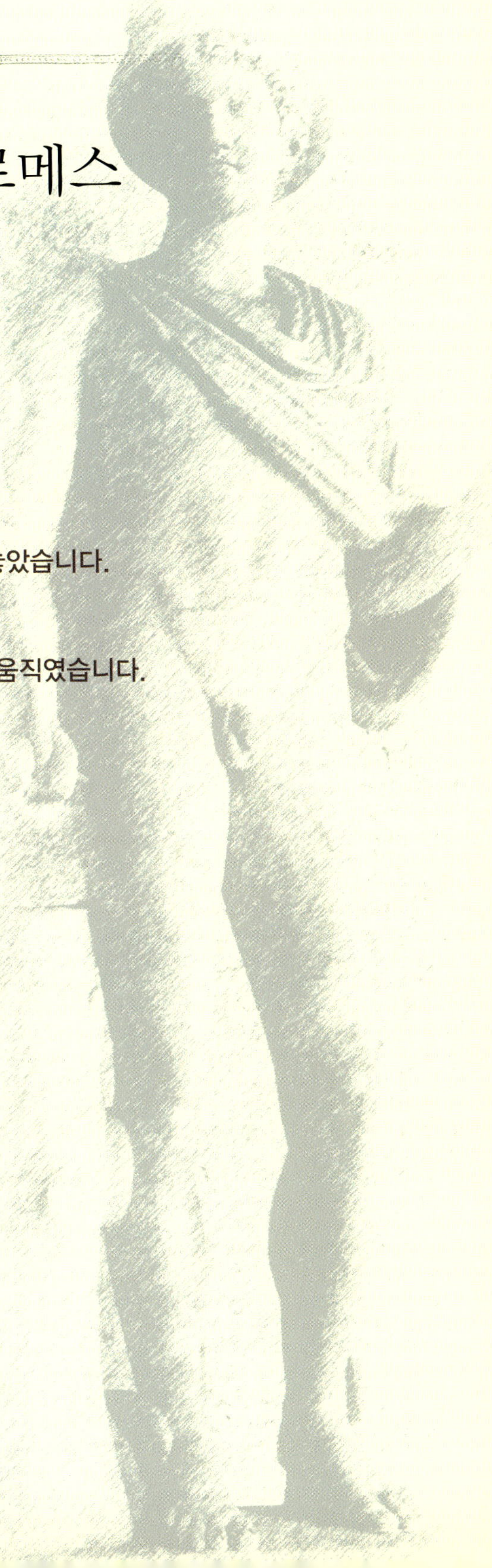

"너희들! 내 말을 듣지 않으면

모두 저 멀리 던져 버릴 줄 알아!"

헤르메스는 목에 힘을 주고 소들에게 엄포를 놓았습니다.

소들은 헤르메스의 기에 눌려

헤르메스의 말이 떨어지기가 무섭게 순순히 따라 움직였습니다.

'음, 리라만 연주하고 있으려니 좀 심심한걸. 뭐 다른 재미있는 일 없을까?'

헤르메스는 동굴에서 멀리 떨어진 곳까지 가 보고 싶어졌습니다. 헤르메스는 좀 더 먼 곳으로 길을 떠났습니다. 한참을 걷다 보니 헤르메스의 눈앞에 드넓은 벌판이 펼쳐졌습니다. 그곳에서는 소 떼가 한가로이 풀을 뜯고 있었습니다. 세어 보니 모두 쉰 마리였습니다.

"우아, 소들이 엄청 많네. 그런데 주인은 어디 있을까?"

헤르메스는 주위를 두리번거리며 소 떼의 주인을 찾았지만 어디에도 보이지를 않았습니다. 그도 그럴 것이 쉰 마리의 소를 돌보는 주인은 바로 음악의 신이자 태양의 신인 아폴론이었기 때문입니다.

하지만 태어난 지 얼마 안 된 헤르메스는 이 사실을 알 리가 없었습니다. 더군다나 아폴론이 자신의 형이라는 사실도 몰랐습니다. 아폴론은 제우스와 레토 사이에서 태어난 아들이었거든요.

아무것도 모른 채 헤르메스는 소 떼를 갖고 싶은 욕심에 사로잡혔습니다.

'저 소들을 몽땅 데려갈 방법이 없을까?'

엉뚱한 생각에 잠긴 장난꾸러기 헤르메스는 소들을 훔치기로 작정하고 소 떼 가까이로 다가갔습니다. 오동통하게 살이 오른 소들은 헤르메스가 다가오는 것에는 신경도 쓰지 않았습니다. 귀찮은 듯 코를 킁킁거리며 풀을 뜯기에만 바빴습니다.

헤르메스는 소들에게 더 가까이 다가갔습니다.

"너희들! 내 말을 듣지 않으면 모두 저 멀리 던져 버릴 줄 알아!"

헤르메스는 목에 힘을 주고 소들에게 *엄포를 놓았습니다. 그러고는 커다란 소 한 마리를 한 손으로 번쩍 들어 올렸습니다. 깜짝 놀란 소들은 헤르메스의 기세에 눌려 헤르메스의 말이 떨어지기가 무섭게 순순히 따라 움직였습니다. 헤르메스는 소들이 흩어지지 못하게 꼬리를

*엄포 실속 없이 호령이나 위협으로 으르는 짓.

한데 묶고는 앞으로 몰았습니다. 소들이 지나간 자리마다 발자국이 선명하게 찍혔습니다.

'이런, 땅에 찍힌 소의 발자국 때문에 내가 소를 훔친 사실이 금방 탄로가 나고 말겠어. 무슨 좋은 수가 없을까?'

헤르메스는 잠시 고민에 빠졌습니다. 그러다가 배시시 웃으며 무릎을 탁 쳤습니다.

"그래, 바로 그거야! 역시 난 똑똑하다니까."

헤르메스는 소들을 뒷걸음질 치게 했습니다. 소들은 헤르메스가 시키는 대로 *고분고분 따라 뒤로 걸었습니다. 헤르메스도 똑같이 뒷걸음질을 쳤습니다. 드디어 땅 위에는 소들이 반대 방향으로 간 것처럼 발자국이 남았습니다. 헤르메스는 만족스런 미소를 지으며 소들을 끌고 뒤로 나아갔습니다.

*고분고분 말이나 행동이 공손하고 부드러운 모양.

그러나 한참을 뒷걸음질 쳤지만 속도가 너무 느려서 얼마를 가지 못했습니다.

'이렇게 가서는 며칠이 걸려도 집까지 못 가겠어.'

꾀가 많은 헤르메스는 다시 기가 막힌 방법을 생각해 냈습니다. 그것은 소의 발굽을 거꾸로 붙이는 것이었습니다. 헤르메스는 재빨리 소들의 발굽을 떼어 거꾸로 달았습니다. 물론 자신도 신발을 거꾸로 신었습니다. 그런 다음 앞으로 달리자 발자국이 아까처럼 반대 방향으로 나면서도 속도는 훨씬 빨라졌습니다.

"누구든 이 발자국을 보면 반대 방향으로 갔을 거라 생각하겠지? 헤헤, 이거 참 재미있군."

헤르메스는 신이 나서 소들을 이끌고 빠른 속도로 나아갔습니다.

상업의 신 헤르메스

〈헤르메스〉 작가 미상

헤르메스는 지혜와 꾀가 많은 신으로 알려져 있어요. 그래서 상업의 신이자 돈놀이의 신, 소매치기의 수호신이기도 하지요. 이 세상에 태어난 지 얼마 안 되었을 때 형인 아폴론의 소 떼를 훔친 것만 보아도 헤르메스가 얼마나 잔꾀가 많고 속임수의 달인인지 알 수 있답니다.

4
목자 바토스의 거짓말

"만약 나와의 약속을 어긴다면 어쩔 거죠?"

"제가 누군가에게 고자질을 한다면

말 못 하는 바위가 되겠소이다."

바토스는 자신 있는 말투로 헤르메스에게 맹세했습니다.

한참 길을 가던 헤르메스는 늙은 *목자와 마주치게 되었습니다. 이름이 바토스인 그 목자는 어린 꼬마가 소 떼를 몰아가는 모습을 보고 깜짝 놀랐습니다. 헤르메스는 은근히 걱정이 되었습니다.

'만약 저 노인이 소 주인에게 내 이야기를 한다면 꼼짝없이 잡힐 텐데…….'

헤르메스는 소들을 서게 한 뒤 바토스에게 다가갔습니다.

"여보시오. 방금 나를 보았나요?"

"그렇소."

*목자 가축 치는 일을 하는 사람.

"그럼 아무에게도 나를 보았다는 말을 하지 마세요."

"그렇게 하지요."

"지금 한 약속을 믿어도 되겠지요?"

"그럼요. 무슨 일이 있어도 약속을 지킬 테니 염려 마시오."

"만약 나와의 약속을 어긴다면 어쩔 건가요?"

"내가 누군가에게 *고자질을 한다면 말 못 하는 바위가 되겠소이다."

바토스는 자신 있는 말투로 헤르메스에게 맹세했습니다.

***고자질** 남의 잘못이나 비밀을 일러바치는 짓.

"좋아요. 고마움의 뜻으로 이 잘생긴 소 두 마리를 드리지요."
헤르메스는 바토스에게 소를 넘겨주고 다시 길을 떠났습니다. 하지만 바토스에 대한 의심을 뿌리칠 수가 없었습니다.

헤르메스는 숲 속에 소들을 묶어 놓고 바토스가 있는 곳으로 몰래 돌아왔습니다. 그런데 때마침 누군가와 이야기를 하고 있는 바토스의 모습이 눈에 띄었습니다. 그는 바로 아폴론이었습니다.

헤르메스는 아폴론을 보는 순간 그가 신이라는 것을 *단박에 알았습니다. 그리고 자신이 훔친 소들이 아폴론의 것이라는 사실도 금방 알 수 있었습니다. 하지만 헤르메스는 아폴론에게 소를 되돌려 주고 싶지 않았습니다.

*단박 그 자리에서 바로.

목동 아폴론

아폴론은 목동으로도 나타나기도 해요. 아폴론의 아들 아스클레피오스는 켄타우로스 케이론에게 의술을 배웠는데, 그의 의술이 뛰어나자 제우스가 아스클레피오스에게 벼락을 내렸어요. 이에 대한 복수로 아폴론은 제우스의 벼락을 만드는 키클롭스를 화살로 쏘아 죽였어요. 그 벌로 제우스는 아폴론에게 1년 동안 인간의 노예로 살 것을 명령했어요. 그래서 목동이 되었다고 전해지기도 해요.

한편 아폴론이 잃어버린 소 떼의 절반을 주겠다는 말에 솔깃해진 바토스는 헤르메스 이야기를 털어놓고 말았습니다. 아폴론이 바토스와 헤어져 소를 찾으러 간 사이 헤르메스는 아폴론으로 변장을 하고 바토스 앞에 나타났습니다. 그러고는 바토스가 약속을 어긴 것을 확인하고 자신의 본래 모습을 드러냈습니다.

"믿지 못할 인간 같으니. 나랑 한 약속을 단숨에 어기다니! 당신이 말한 대로 바위가 되게 해 주지."

헤르메스는 그 자리에서 바토스를 단단한 바위로 만들어 버렸습니다.

5
헤르메스를 찾아간 아폴론

“헤르메스, 네가 내 소를 훔친 게 맞지?”

“예? 소요? 소가 뭔데요?”

헤르메스가 시치미를 떼자

아폴론이 어이가 없다는 듯이 말했습니다.

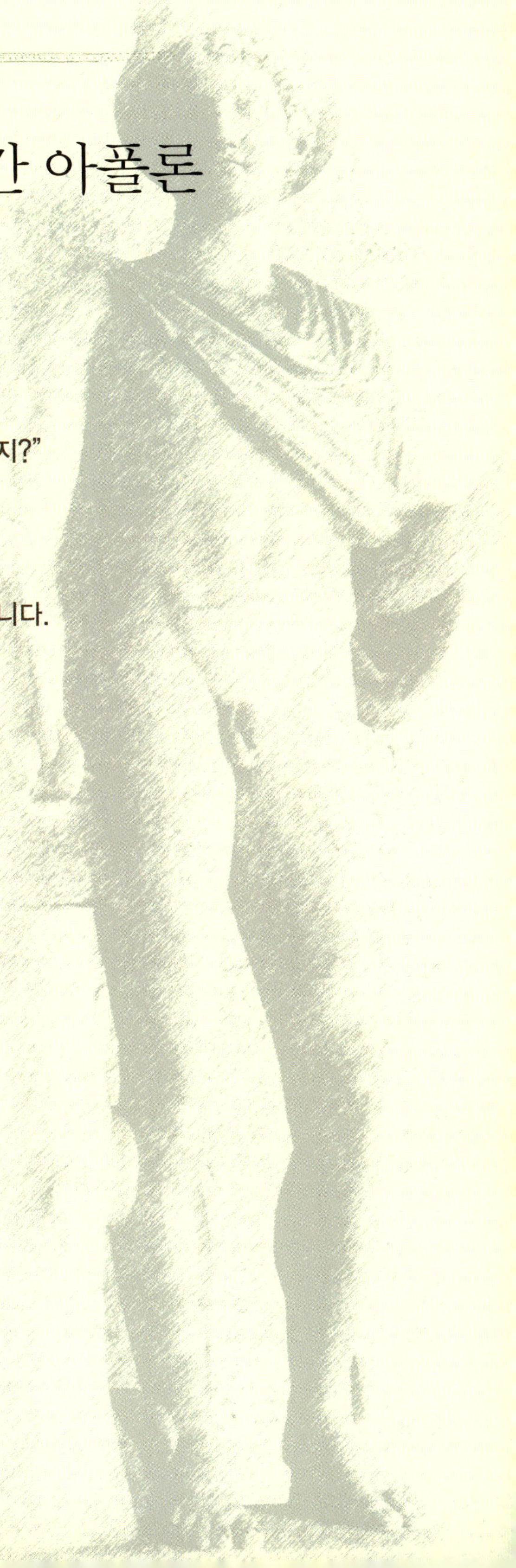

헤르메스는 빠른 걸음으로 자신이 태어난 동굴로 돌아왔습니다. 흥얼거리며 들어오는 헤르메스를 보고 마이아가 신기한 듯 물었습니다.

"헤르메스야, 어딜 다녀오기에 그렇게 즐겁니?"

"헤헤. 밖에서 재미난 일이 있었거든요."

헤르메스는 어머니인 마이아에게 그동안 있었던 일을 자랑스럽게 늘어놓았습니다. 그러나 아들의 이야기를 듣고 난 마이아는 근심어린 표정이 되었습니다.

"휴. 남의 소를 훔치는 것은 나쁜 짓이란다."

헤르메스는 전혀 풀이 죽지 않고 대답했습니다.

"어머니, 저는 도둑질이 그렇게 나쁜 거라고 생각하지 않아요. 두고 보세요. 전 반드시 아폴론과 같은 신이 될 거예요. 만약 아버지인 제우스 신이 제가 신이 되는 걸 허락하지 않는다면, 차라리 도둑이 되겠어요. 그래서 신과 인간의 재산을 몽땅 훔쳐 버릴 거예요."

철없는 헤르메스는 큰소리를 쳤습니다. 마이아는 그런 헤르메스가 걱정이 되어 깊은 한숨을 내쉬었습니다.

그때였습니다. 갑자기 동굴 밖에서 우렁찬 목소리가 들려왔습니다.

"헤르메스! 이 동굴에 있는 걸 다 알고 왔다. 어서 나오지 못할까?"

마이아가 황급히 동굴 입구로 나가 보니 아폴론이 서 있었습니다.

"여, 여기를 어떻게……."

마이아는 당황하여 말을 더듬었습니다. 하지만 헤르메스는 전혀 놀라지 않고 천연덕스럽게 요람 안으로 들어가 누웠습니다. 아폴론은 동굴 안으로 성큼성큼 들어와 헤르메스를 향해 소리쳤습니다.

"헤르메스, 네가 내 소를 훔친 게 맞지?"

"예? 소요? 소가 뭔데요?"

헤르메스가 시치미를 떼자 아폴론이 어이가 없다는 듯이 말했습니다.

"이 꼬마 녀석. 네가 그렇게 나온다고 내가 물러설 것 같으냐!"

"저는 태어난 지 얼마 안 된 아기입니다. 그런데 제가 어떻게 소 떼를 훔치겠어요?"

헤르메스는 뻔뻔스럽게도 자신의 잘못을 인정하지 않았습니다.

"자꾸 딴청 부리지 말고 소가 있는 곳을 당장 말해라. 그러지 않으면 크게 혼날 줄 알아라."

아폴론은 잔뜩 화가 나서 *엄한 얼굴로 *호통을 쳤습니다.

*엄하다 성격이나 행동이 철저하고 까다롭다.
*호통 몹시 화가 나서 크게 소리 지르거나 꾸짖음.

"아폴론 님, 저는 정말 소라는 걸 본 적이 없어요. 저는 그저 어머니 젖이나 빠는 아기일 뿐인걸요. 갓 태어난 아기가 소를 도둑질했다는 건 순전히 억지예요."

헤르메스는 금세 울음을 터뜨릴 듯한 얼굴을 하고선 훌쩍거렸습니다.

"흑흑, 어머니! 아폴론 님은 너무 무서워요. 자꾸만 절 도둑 취급해요."

아폴론은 마이아의 품에 안겨 울먹이는 헤르메스를 노려보더니, 동굴 밖으로 나와 곰곰이 생각에 잠겼습니다. 그 사이 헤르메스는 아폴론의 활과 화살통을 훔쳤습니다.

'저 조그만 도둑놈이 저렇게 잡아떼니 아버지께 데려갈 수밖에 없겠군.'

이렇게 결심한 아폴론은 다시 동굴로 들어가 요람에 누워 있는 헤르메스를 덥석 잡아 올렸습니다.

"당장 나와 같이 아버지께 가자."

이리하여 헤르메스는 아폴론에 이끌려 올림포스 산으로 갔습니다.

헤르메스를 데리고 제우스 앞에 선 아폴론은 자신의 억울함을 털어놓기 시작했습니다.

“아버지, 이 꼬마 녀석이 제가 돌보는 소들을 몽땅 훔쳐 갔습니다.”

“제가 소를 훔치다니요. 말도 안 됩니다.”

헤르메스는 아무렇지도 않게 거짓말을 내뱉었습니다.

“이 녀석이 하는 말은 믿지 마세요. 분명히 소를 훔쳐갔는데도 시치미를 떼고 있어요. 다시는 거짓말을 못하도록 혼을 내 주세요.”

아폴론은 흥분해서 말을 이었습니다. 반면에 헤르메스는 한풀 꺾인 것처럼 고개를 숙였습니다.

“아버지, 저는 태어난 지 고작 하루밖에 안 된 아기예요. 그런데 아폴론 님은 무턱 대고 제가 소 떼를 훔쳐 갔다고 하잖아요. 그걸 본 사람은 아무도 없는데 말이죠. 저처럼 힘없고 약한 아기가 무얼 할 수 있겠어요? 저는 억울할 뿐이에요.”

헤르메스는 눈물을 글썽이며 제우스를 올려다보았습니다.

“저는 동굴 밖을 나가 본 적도 없고, 소가 무엇인지도 몰라요. 그러니 저를 도둑으로 몰아붙이는 아폴론 님을 벌주세요. 예?”

제우스의 아들 아폴론

아폴론은 올림포스 신들 중 두 번째 세대에 속하는 신이에요. 제우스와 레토 사이에서 태어난 아들이며 아르테미스 여신과 오누이 사이예요. 훤칠하고 뛰어난 외모의 아폴론은 많은 님프들은 물론, 인간 여자들이나 젊은 남자들과도 사랑을 나눈 것으로 유명해요. 가끔씩 목자가 되어 나타나기도 하는데, 이때 헤르메스가 아폴론이 돌보는 소를 훔치지요. 음악과 시의 신, 예언과 전원의 신이자 나중에는 태양의 신으로도 숭배를 받은 아폴론은 로마의 첫 번째 황제인 아우구스투스가 개인적으로 섬겼던 수호신이기도 해요.

헤르메스의 거침없는 말을 조용히 듣고 있던 제우스는 참았던 웃음을 터뜨렸습니다. 사실 제우스는 헤르메스가 벌인 일을 처음부터 끝까지 지켜보고 있었습니다. 그래서 헤르메스가 소를 훔친 범인이라는 사실도 알고 있었지요. 하지만 귀여운 헤르메스를 혼내고 싶지는 않았습니다.

"헤르메스. 소를 훔쳤으면 솔직하게 말해라. 소는 대수로운 게 아니지만, 거짓말은 나쁜 거란다."

제우스는 너그러운 목소리로 헤르메스를 타일렀습니다. 그러자 헤르메스는 더 이상 고집을 피우지 않고 용서를 빌었습니다.

"아버지, 죄송해요."

"헤르메스, 지금 당장 숨겨 놓은 소들을 아폴론에게 돌려주어라. 그렇게 하면 벌은 내리지 않으마."

"네, 아버지."

제우스의 말에 헤르메스는 기어들어가는 목소리로 대답했습니다.

6
헤르메스의 선물

"아폴론 형, 제발 저를 풀어 주세요.
풀어만 주시면 제가 좋은 걸 보여 드릴게요."
"흥, 내가 너한테 또 속을 줄 아느냐?"

헤르메스는 아폴론을 데리고 소를 숨겨 둔 곳으로 갔습니다.

"아폴론 형, 여기 소들이 그대로 있어요. 한 마리도 빠짐 없이요."

"그런데 소들을 어떻게 감쪽같이 훔칠 수 있었지?"

아폴론은 궁금해서 소 떼를 바라보며 물었습니다. 그러자 헤르메스가 대답했습니다.

"헤헤. 여기 소의 발굽을 보세요. 발굽을 거꾸로 달아서 걷게 했지요. 그러면 반대 방향으로

걸은 것처럼 발자국이 나거든요."

헤르메스는 소의 발을 들어서 거꾸로 붙인 발굽을 보여 주었습니다. 그제야 아폴론도 고개를 끄덕였습니다.

'이 꼬마 녀석, 아주 똑똑한데.'

아폴론은 속으로 헤르메스의 꾀에 감탄했습니다.

그러나 아폴론은 잔꾀 많은 헤르메스가 곧 미워졌습니다. 아버지인 제우스가 헤르메스에게 벌을 내리지 않았기 때문입니다. 은근히 화가 치민 아폴론은 되찾은 소를 세어 보고는 두 마리가 모자라다며 혼을 내려 했습니다.

"헤르메스, 두 마리 소는 어떻게 한 것이냐! 또 나를 속이려 하다니, 가만두지 않겠다."

아폴론은 헤르메스를 버드나무 가지로 꽁꽁 묶었습니다.

"이 버드나무 가지는 네가 더 이상 자라지 못하게 계속 조일 것이다."

힘센 헤르메스도 아폴론이 묶어 놓은 버드나무 가지는 풀 수 없었습니다. 꼼짝없이 잡힌 헤르메스는 아폴론에게 간절히 빌었습니다.

"아폴론 형, 제발 저를 풀어 주세요. 풀어만 주시면 제가 좋은 걸 보여 드릴게요."

"흥, 내가 너한테 또 속을 줄 아느냐?"

아폴론은 코웃음을 치며 헤르메스의 말을 무시했습니다.

"이번엔 정말이에요. 형에게 아름다운 음악을 들려줄 거라고요."

"뭐? 음악?"

음악의 신 아폴론은 눈이 번쩍 뜨였습니다. 그러고는 잠시 망설이다가 헤르메스를 풀어 주었습니다.

음악의 신 아폴론

헤르메스한테서 받은 리라 외에 피리도 아폴론의 이야기에 등장해요. 마르시아스는 자신이 연주하는 피리 선율이 더 아름답다며 아폴론의 리라 연주에 도전해요. 호언장담했던 마르시아스는 결국 대결에서 지고 죽음을 맞이하게 되지요.

헤르메스는 나무 사이에 숨겨 놓았던 리라를 꺼내 연주하기 시작했습니다. 리라에서 아름다운 소리가 흘러나오자 아폴론은 지그시 눈을 감고 헤르메스의 연주에 귀를 기울였습니다. 아폴론은 점차 화가 풀리면서 얼굴이 밝아졌습니다.

"거북 껍데기에서 이런 아름다운 소리가 나오다니……."

아폴론이 감탄하자 헤르메스는 연주를 멈추고 리라를 아폴론 앞에 내려놓았습니다.

"소를 훔쳐서 죄송해요. 다시는 그러지 않을게요. 약속의 표시로 이 리라를 형에게 드리겠습니다. 제가 손수 만든 악기예요."

헤르메스가 진심으로 사과하자 아폴론도 마음을 풀고 선물을 받았습니다. 헤르메스는 동굴에서 훔친 아폴론의 활과 화살통도 돌려주었습니다. 아폴론은 헤르메스가 자신의 활과 화살통까지 몰래 훔친 것을 알고 놀랐지만 화를 내지는 않았습니다. 그만큼 리라에 온통 마음을 빼앗겼던 것입니다.

"헤르메스. 네가 나에게 진심으로 사과를 하니 받아 주겠다. 그리고 훌륭한 악기인 리라까지 주었으니 나도 너에게 이 소들을 주마."

"고마워요, 형."

"그리고 앞으로 형으로서 너를 사랑하고 보살펴 주마."

아폴론의 말에 헤르메스는 기뻐서 아폴론의 품에 쏘옥 안겼습니다. 아폴론도 헤르메스를 정답게 꼭 안아 주었습니다.

이리하여 아폴론과 헤르메스는 서로를 아끼는 형제가 되었습니다. 나중에 아폴론은 헤르메스가 준 리라를 자신의 아들인 오르페우스에게 물려주었답니다.

오르페우스와 리라

〈오르페우스〉 귀스타브 모로

오르페우스의 죽음을 슬퍼하는 한 여신이 오르페우스의 머리와 리라를 들고 있는 그림이에요. 오르페우스는 아폴론으로부터 리라를 선물 받는데, 그의 연주는 매우 아름답고 뛰어났다고 해요. 오르페우스는 사랑하는 아내를 잃고 슬픔에 빠져 있다 슬픈 죽음을 맞이해요. 오르페우스가 죽자, 리라는 제우스에 의해 별자리가 되었답니다.

신화 OLYMPUS GUARDIAN 뒷이야기

헤르메스는 신들의 왕인 제우스와 아틀라스의 딸인 마이아 사이에서 태어났습니다. 그런데 놀라운 것은 그가 태어나자마자 걷고 뛰더니 거북 껍데기와 소의 창자로 '리라'라는 악기를 만들었다는 것입니다. 나중에 음악의 신인 아폴론의 화를 누그러뜨리려고 리라를 선물하는데, 아폴론은 곧 아름다운 리라 소리에 빠져듭니다. 이처럼 헤르메스는 주변에 있는 것으로 그 누구도 생각하지 못한 새로운 것을 만들어 내는 재주가 있었습니다. 사물의 이면을 꿰뚫어 보는 능력과 창의성을 갖고 있었던 것이지요.

또한 아폴론의 소 떼를 훔친 방법도 매우 기발했습니다. 소를 뒷걸음질 치게 한다든지, 발굽의 방향을 바꾸어 달아 혼란스럽게 만든 것만 보아도 헤르메스의 지혜와 영특함을 잘 알 수 있습니다.

헤르메스는 비록 장난이 심하고 자신이 원하는 것을 얻기 위해 거짓말도 서슴지 않았지만, 아폴론과 제우스는 그의 뛰어난 지혜와 재치 때문에 그의 잘못을 용서하고 유쾌하게 화해를 하게 됩니다. 그래서인지 헤르메스는 사람들 사이에서 가장 인기가 많은 신이기도 합니다. 영리할 뿐만 아니라 자신의 생각을 분명히 말하고 실천하는 이의 본보기이기 때문입니다.

헤르메스의 영어식 이름은 '머큐리' 입니다. 좀처럼 잡히지 않고 계속 모양을 바꾸며 빠져 나가는 금속이자 액체인 수은은 헤르메스의 성질과 닮았다 하여 머큐리라고 합니다. 고대 연금술사들은 헤르메스를 우주의 비밀을 간직한 위대한 신으로 섬기기도 했고, 고대로부터 내려오는 지혜를 담은 이집트 문서는 헤르메스에게서 이어받았다는 의미로 '헤르메티카' 라는 이름이 붙었답니다.

올림포스 신들의 계보

크로노스 + 레아
하데스
지하 세계의 왕
포세이돈
바다의 신
제우스
신들의 왕
헤라
신들의 여왕,
제우스의 아내
헤스티아
난로 · 불의 여신
데메테르
대지의 여신
아테나
지혜 · 전쟁의 여신
제우스 + 메티스
아폴론
의술 · 음악의 신
제우스 + 레토
아르테미스
사냥 · 순결의 여신
아스클레피오스
의술의 신
아레스
전쟁의 신
제우스 + 헤라
헤파이스토스
대장간의 신
제우스 + 디오네
아프로디테
헤파이스토스의 아내,
미의 여신
에로스
사랑의 신
헤르메스
신들의 전령,
상업의 신
제우스 + 마이아
디오니소스
술의 신
제우스 + 세멜레
페르세포네
하데스의 아내
지하 세계의 여왕
제우스 + 데메테르

그리스 로마 신화 주요 인물의 이름

그리스 어	로마 어	영어
가이아	텔루스	
니케	빅토리아	나이키, 빅토리
데메테르	케레스	세레스
디오니소스	바쿠스	바커스
레아	키벨레	시벨레
아레스	마르스	마스
아르테미스	디아나	다이애나
아테나	아테네, 미네르바	
아폴론	아폴로	아폴로
아프로디테	베누스	비너스
에로스	쿠피드, 아모르	큐피드
오디세우스	울릭세스	율리시스
우라노스	카일루스	유러너스
제우스	유피테르	주피터
크로노스	사투르누스	새턴
페르세포네	프로세르피나	
포세이돈	넵투누스	넵튠
하데스	플루톤	플루토
헤라	유노	주노
헤라클레스	헤르쿨레스	허큘리스
헤르메스	메르쿠리우스	머큐리
헤스티아	베스타	
헤파이스토스	불카누스	벌컨

그리스 로마 신화 올림포스 가디언 10

꾀가 많은 헤르메스

펴낸이 양원석
펴낸곳 ㈜알에이치코리아
등록 2004년 1월 15일 제2-3726호
주소 서울특별시 금천구 가산디지털2로 53, 20층 (한라시그마밸리)
문의전화 02)6443-8800

ISBN 978-89-255-4438-0(74800)
ISBN 978-89-255-4354-3(세트)

값 **12,800원**

원작 만화로 보는 그리스 로마 신화(가나출판사)
이광진 엮음, 홍은영 그림
명화 구입처 유로크레온(주)

※잘못된 책은 구입하신 곳에서 바꾸어 드립니다.
※책 모서리가 날카로워 다칠 수 있으니 사람을 향해 던지거나 떨어뜨리지 마십시오.